AF438305

LA
RÉVOLUTION PACIFIQUE

ET LE
PROGRAMME DE 1885

Prix : **15** Centimes

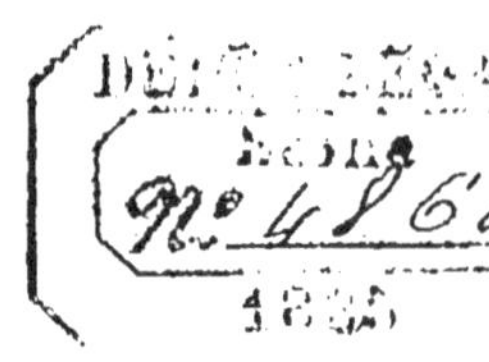

En Vente :

Au Profit du Comité Central des Groupes Républicains

Radicaux Socialistes

DANS LES RÉUNIONS DU COMITÉ

ET CHEZ L'AUTEUR : CITOYEN **PLANTEAU**

11, place de la Bourse

PARIS

LA
RÉVOLUTION PACIFIQUE

ET LE

PROGRAMME DE 1885

Depuis quinze années la France possède une forme de gouvernement que l'on appelle RÉPUBLIQUE, et c'est en vain que nous cherchons dans nos lois constitutionnelles, dans notre régime administratif, dans nos codes, dans notre système financier, dans notre organisation militaire, dans notre mode d'éducation et d'instruction, — en un mot, dans tout notre organisme national, — quelque chose qui ne soit pas foncièrement monarchique.

L'une des fortes têtes de l'opportunisme disait, il y a peu de temps, dans un discours prononcé au Mans, cette phrase qui n'est, comme tout ce que disent les « Radicaux de gouvernement », qu'une faible partie de la vérité : « *Il y a eu quatre ans de perdus.* »

L'aveu est précieux, venant de l'un des chefs reconnus de cette majorité qui n'a voulu réaliser aucune réforme démocratique Depuis quatre ans on n'a rien fait de bon. La Chambre de 1881 s'est traînée, à la suite de ses divers ministres, dans les intrigues stériles, dans les marchandages éhontés. Elle n'a donné au pays aucune des améiiorations dont il avait un besoin si urgent. Les coupables expéditions de la Tunisie, du Tonkin, de Madagascar, et tous les maux qui en seront la suite inévitable ; — les conventions criminelles qui ont livré la France aux grandes Compagnies ; — la loi barbare autant qu'inique par laquelle sont confondus, sous le nom de récidivistes, les malheureux et les brigands ; — injustice et destruction, mort d'hommes et dilapidation de nos richesses, — voilà le bilan de cette Chambre et de son gouvernement !

Pourtant, on nous avait promis tout le contraire. Après dix malheureuses années employées à une répression sauvage et à des tentatives misérables de restauration de la monarchie, on nous avait assuré que nous allions entrer dans une ère de paix, de réparation, de travail. On nous avait garanti le retour du calme, la sécurité, le développement de l'industrie, la reconstitution de nos forces, l'établissement d'un véritable régime républicain.

On nous a donné la guerre sans nécessité, la conquête sans profit, la désorganisation, le gaspillage, la diminution continue des ressources, la pénurie générale. — On a vidé nos arsenaux, épuisé notre armée, décimé notre jeunesse, compromis gravement la défense de la Patrie, en face de l'Allemagne armée jusqu'aux dents, bondée de soldats, d'artillerie, de munitions, et guettant l'heure propice pour nous arracher d'autres provinces avec de nouveaux milliards. — On a laissé aux conspirateurs monarchistes toutes leurs espérances; — au clergé son influence néfaste et notre argent; — aux gouvernants prévaricateurs, l'impunité; — à l'administration entière, son organisation impériale; — à nos lois tous les abus qu'elles recèlent; — à nos mœurs leur corruption.

La Chambre qui devait être « réformatrice », les ministres qui se disaient réformateurs, ont fait tout cela gaîment. Et c'est l'un des hommes qui ont le plus contribué à notre dégradation nationale, par les mensonges d'une politique lâche autant que ruineuse, qui vient nous dire : il y a eu quatre ans de perdus !

M. Spuller a osé ajouter que c'est aux élections de 1885 qu'il appartient de faire ce que n'ont pas fait les élections de 1881 : *mettre la République hors de pair, et les partis monarchiques hors de combat!*

Sans insister davantage sur cette condamnation de nos politiciens, examinons si et comment il est possible de réaliser enfin ce que l'on n'a pas voulu faire depuis quinze ans, c'est-à-dire : une république républicaine, n'ayant plus à craindre les ennemis intérieurs, et capable de résister avec succès aux ennemis extérieurs.

Il est incontestable que pour arriver à mettre la République « hors de pair », il faut commencer par l'établir, non plus seulement dans les mots, mais dans les faits. Son établissement ne sera réel qu'à la condition de la débarrasser complètement des institutions et des lois à la faveur desquelles a vécu la monarchie. De même que la royauté ne pourrait exister dans un pays où tout serait républicain, il est évident que la démocratie ne peut se développer et vivre dans un milieu monarchique.

De deux choses l'une : ou bien nous sommes partisans de ce qui a existé, et nous voulons maintenir l'ordre de choses antérieur à nos insurrections; ou bien nous entendons que nos rébellions contre l'autoritarisme portent leurs fruits, et que les idées qui les ont produites passent dans la pratique.

Dans le premier cas, inutile de parler progrès, réformes, améliorations sociales. Il n'y aurait qu'à revenir franchement aux inepties de la royauté ou au banditisme de l'Empire.

Dans le second cas, si nous sommes vraiment réformateurs, progressistes, démocrates, brisons nettement et pour jamais avec ce que nous désirons supprimer, et marchons hardiment dans la voie tracée par la révolution.

Rien n'est plus facile. Il suffit de le vouloir, et de prouver qu'on le veut fermement.

Les abus ne subsistent que parce qu'ils sont tolérés. Les vices ne se perpétuent que grâce aux encouragements et à la protection qu'ils trouvent dans nos règlements et parmi des fonctionnaires irresponsables.

Remplaçons les statuts sociaux par d'autres conformes à l'équité. Rendons aux fonctions publiques leur véritable caractère, et ne les confions qu'à des hommes sûrs maintenus dans le devoir par la constante préoccupation de leur responsabilité et de nos droits.

Il est trop aisé de toujours promettre, lorsque les promesses peuvent toujours être violées ou éludées impunément.

Pourquoi faire sans cesse espérer un meilleur sort aux parias créés par les régimes féodal, impérial ou royal, si l'on ne veut que remplacer leurs misères par d'autres misères, la servitude de la glèbe par l'esclavage du salariat, les duretés de la dîme par les iniquités de l'impôt, le gibet par la faim, la hache ou la corde par du plomb ?

La République n'a réalisé jusqu'à présent aucune des espérances qu'elle avait fait concevoir. Le remplacement d'un monarque par un président, — d'une chambre haute par un Sénat, — du suffrage censitaire par les variantes du suffrage universel, — des députés agréables au prince par des représentants doux aux ministres — ; la substitution des banquiers modernes aux traitants de l'ancien régime, — des protégés aux favoris, — des charges que l'on achète à des privilégiés aux emplois que vendaient les courtisans, — toutes les apparentes modifications que l'on qualifie pompeusement de démocratiques, ne sont que mensonge et flagornerie.

Au fond, le mal est le même : la misère est au logis du travailleur, et le désespoir hante son esprit.

Avec misère et désespoir, faut-il s'étonner de trouver haine et désir de vengeance ?

C'est à ce point que nous ont amenés les Spuller, les Ferry, et toute la bande de charlatans et de fourbes qui, sous la protection des lois d'un autre âge, parlent et agissent comme si la chose publique était leur propriété.

Toujours dupé, toujours trahi, le travailleur a fini par perdre toute confiance. Il en est arrivé à ne plus croire à la droiture des intentions, à ne plus compter sur aucune bonne volonté hors de lui-même, à tout suspecter, hommes et choses. A ceux qui prétendent rester dirigeants, aux parvenus qui prêchent la supériorité des races et des classes, il oppose maintenant un parti de classe. — Il nie la politique, qui ne lui a rien donné, et ne veut plus en entendre parler. Bientôt, il niera l'intelligence et le savoir, à l'aide desquels on l'a constamment abusé. Tout se rapportera, pour lui, à la question du manger, du boire, et des satisfactions matérielles. Pour se procurer ce qu'on lui refuse, il tentera l'assaut contre la société marâtre qui élève la fortune de quelques intrigants sur la pauvreté de millions d'êtres humains, et fait du malheur de presque tous la jouissance d'un petit nombre.

Mais, à cet assaut désespéré, la « Société » répondra par tous les moyens dont elle dispose. Elle se défendra, comme elle s'est défendue en maintes circonstances. Elle a su asservir ignorance et misère. Quatre cent mille enfants du peuple sont armés par elle pour massacrer quiconque osera attaquer par la force privilèges et monopoles. — Qu'importe aux hommes du pouvoir une hécatombe de plus ou de moins !

Vainement l'atelier, l'usine, la mine et la ferme s'insurgeraient contre les détenteurs de la publique richesse. — Canons et fusils y mettront bon ordre, tant qu'il ne sera apporté aucun changement radical à notre organisation sociale, c'est-à-dire au système politique, administratif, militaire, économique et budgétaire, que les monarchies ont transmis au régime bâtard décoré actuellement du nom de République.

La solution des difficultés n'est donc point dans la révolution violente. La tenter serait répondre aux plus chers désirs de tous les adversaires du socialisme. S'exposer soi-même à la fusillade ou à la déportation est peu de chose ; mais y exposer légèrement, sans avoir mûrement examiné les conséquences possibles, de braves gens qui ont la foi, cela serait grave et pourrait mériter un jugement sévère.

D'ailleurs, en admettant (chose impossible) qu'un soulèvement général et simultané donne à l'ouvrier de la ville et de la campagne la victoire sur les régiments et les forces de police, et que par suite il acquière d'emblée ce qu'il réclame à bon droit : la libre possession des moyens de production, — ne faudrait-il pas, au lendemain de cette victoire, constituer la société nouvelle sur des bases d'organisation différentes de celles sur lesquelles repose le régime caduc auquel nous sommes encore soumis ; instituer, enfin, un ordre de choses répondant aux revendications prolétariennes, et assurer sa stabilité dans un perfectionnement incessant ?

Eh bien ! ces bases d'organisation ne sont plus un mystère ; ces institutions nécessaires sont connues. Elles ont été exposées, avec plus ou moins d'ampleur, dans les programmes sur lesquels vont se faire les élections prochaines. La masse des travailleurs peut, si elle le veut réellement, obtenir la réalisation de ses légitimes aspirations par la voie pacifique du vote.

Mais il faut, pour cela, qu'elle ne s'enferme pas dans l'exclusivisme étroit de la caste. Il est nécessaire que les vues s'élargissent, que l'on regarde un peu moins le guidon de la compagnie et un peu plus le drapeau de la légion. Travailleurs manuels et chefs d'écoles doivent renoncer à ces sortes d'évangiles, ne permettant l'accès au bercail démocratique qu'à ceux-là seuls qui se soumettent rigoureusement à telle ou telle formule, hors de laquelle il n'existerait point de vérité.

Il faut que, lorsque des hommes de cœur et d'énergie vont aux prolétaires et leur disent : nous sommes peuple comme vous; nous souffrons de vos maux, nous avons mêmes désirs et mêmes convictions ; nous avons combattu et nous voulons combattre avec vous; par suite de circonstances indépendantes de nous-mêmes, il arrive que nous n'exerçons pas pour vivre une profession matériellement industrielle, mais nous sommes vos amis sincères et nous vous offrons notre concours dévoué, il ne leur soit pas répondu, ainsi que cela s'est fait il y a peu de temps : « Nous ne voulons pas nous entendre avec vous. Acceptez notre programme si cela vous convient; nous vous admettrons alors parmi nous, mais vous resterez dans un coin et nous vous surveillerons, car vous n'êtes pas des ouvriers manuels; vous êtes des bourgeois ! »

Paroles d'autant moins justifiées, que le jeune orateur du Parti qui les prononçait s'adressait à des citoyens parmi lesquels s'en trouvaient dont l'existence a été consacrée au travail et qui ont connu plus que lui, peut-être, les amertumes de la bataille pour la vie.

Non ! ce n'est pas en s'éloignant les uns des autres, en élevant entre eux des barrières systématiques, en se rangeant sous des oriflammes de nuances variées, et marchant isolément au combat, que les travailleurs — manuels ou intellectuels — réussiront à gagner leur juste cause. Unis, ils mettraient en déroute les factions hostiles; divisés, ils s'exposent à des échecs certains, qui reculeront d'autant le commun triomphe.

« Nous nous compterons », disent les chefs de groupes, et les soldats répètent de confiance : « nous nous compterons ». Et ensuite, quand nous nous serons bien comptés, en serons-nous moins battus ? A quoi ce dénombrement aura-t-il servi, sinon à constater notre faiblesse relative ? — Tandis que l'on se comptera, l'ennemi jouira de sa victoire, et — dans l'intervalle de deux calculs — il cherchera les moyens de nous empêcher de nous compter à l'avenir.

Les leçons de l'histoire seront-elles donc toujours perdues ?

Portons la lutte sur le terrain où nous pourrons vaincre, sans payer trop cher la recherche d'un succès problématique. Unissons-nous sur les principes communs, rapprochons les programmes, et conformons à leur esprit nos choix et nos votes. Examinons ce que nous devons réclamer immédiatement, ce qui peut être exigé aujourd'hui, ce qui doit l'être demain. Nous savons bien que tout ne peut pas se décréter ni s'accomplir en un clin d'œil, mais nous savons aussi que chaque heure doit être employée par les mandataires à un travail utile, profitable aux mandants. Il est grand temps, en vérité, que les représentants du peuple commencent à remplir sérieusement leur devoir, qu'ils s'occupent moins de leurs propres intérêts et davantage des nôtres.

Entre les programmes du parti-socialiste il n'existe de différences réelles que dans la forme. Cela est si vrai, que le Parti-Ouvrier accuse aujourd'hui les groupes radicaux-socialistes de la Seine de lui avoir emprunté *son* programme. J'ai eu l'occasion de faire observer à des militants du Parti que sa rédaction remonte à quelques années à peine, et que, longtemps auparavant, plusieurs membres des groupes dénommés radicaux-socialistes soutenaient, au péril de leur liberté et de leur vie, les idées même que les Congrès ont eu la possibilité de libeller paisiblement.

Qui donc est l'emprunteur ?

Mais à quoi bon chicaner sur une question de marque ? Quelles que soient leurs nuances et leur disposition, les programmes socialistes appartiennent au socialisme tout entier. Emprunté ou prêté, le programme des groupes de la Seine expose-t-il, d'une façon précise, les revendications réalisables, à très bref délai, de la démocratie ? Là est la question. Il ne s'agit pas de discuter à l'infini sur les vocables et les périodes, mais d'arriver au fait.

J'hésite d'autant moins à affirmer que notre programme de 1885 est l'expression de revendications promptement réalisables, que je n'ai contribué que fort indirectement à son élaboration.

Certains lui reprochent d'être trop étendu, de comprendre plus d'articles qu'il ne faudrait, de contenir plus d'une centaine de réformes, et l'on part de là pour dire qu'il est sage de le borner à quelques points seulement, aussi peu précis que possible, afin de pouvoir obtenir un résultat dans *une* législature.

Il est facile de montrer que ces reproches manquent de fondement, et qu'il est bon de préciser tous les points, si l'on veut faire œuvre sérieuse.

A part dix à douze questions qui doivent, par leur nature spéciale, faire l'objet de lois particulières, presque tous les articles, tant économiques que politiques, rentrent dans l'article 1ᵉʳ, *Révision intégrale de la constitution*, et n'en sont que le développement indispensable.

En effet, la loi fondamentale d'une véritable République ne doit-elle pas comprendre :

La suppression de la présidence (§ 2) ;

Le remplacement des ministres autoritaires par de simples commis (§ 3) ;

L'unité et la permanence de l'assemblée des mandataires de la nation (art. 2) ;

La souveraineté populaire dans les questions qui intéressent au plus haut degré le peuple (art. 3) ;

Les droits inviolables du citoyen (art. 4.) ;

La décentralisation administrative (art. 5) ;

La responsabilité de tous les fonctionnaires (art. 6) ;

L'affranchissement des consciences (art. 7) ;

L'élection des juges, leur responsabilité, la justice une et sans mystères (art. 8) ;

L'égalité pour tous des devoirs militaires, bornés aux besoins de la défense (art. 10) ;

La suppression, dès le bas âge, de la distinction entre riches et pauvres (art. 11) ;

La rétribution de toutes les fonctions, distinctes et temporaires (art. 12) ;

La restitution, au mandat électif, de son caractère essentiel (art. 13);

Le droit civique par excellence (art. 14);

La justice dans l'impôt (*partie économique*, art. 1er);

La suppression des causes de ruine du pays (art. 3);

La réalité du domaine public (art. 4);

La protection de la santé et de la liberté des producteurs (art. 6 et 8);

L'enseignement des moyens de produire et la possibilité de travailler utilement (art. 7, 9 et 10);

La garantie sociale contre les infirmités et la vieillesse (art. 12 et 14).

Est-ce que tout cela n'est pas du domaine vraiment *constitutionnel*?

Une société peut-elle se prétendre démocratiquemeut constituée, si sa constitution ne s'occupe pas des conditions de son existence?

Est-ce une raison, parce que les actes constitutionnels appliqués jusqu'ici n'ont traité que de l'organisation des pouvoirs et de la force destinée à les imposer, pour que jamais nous n'ayons une constitution se rapportant aux intérêts vitaux de la population?

Que l'on se hâte donc de nous faire une bonne loi-mère, de laquelle puissent découler, en s'y rattachant étroitement, les lois de détail, les règlements d'ordre particulier visés dans les autres articles du Programme.

La constitution faite de la sorte pourra être complète sans être aussi longue que celles édictées par l'Empire. Il est possible de la rédiger de telle manière, qu'elle puisse être connue de tous les citoyens, et facilement invoquée par eux comme la gardienne de nos droits et de nos libertés.

Il ne restera plus, alors, qu'à rédiger en termes clairs un petit nombre de mesures législatives, abrogeant et remplaçant les iniquités forgées par les ennemis de la chose publique.

On pourra brûler ensuite les horribles codes de Bonaparte et anéantir tout le fatras procédurier pastiché des Romains.

Qui donc oserait dire, de bonne foi, que le travail nécessaire exige, de la part de législateurs éclairés et sincères, un nombre indéfini d'années ?

Qui voudrait soutenir que, dans une œuvre où tout s'enchaîne, il faut d'abord retrancher les parties que des ouvriers imparfaits trouveraient difficiles, et ne s'occuper que des portions les moins ardues ?

Toutes les réformes que nous demandons, quel que soit le groupement socialiste dont nous faisons partie, se tiennent trop étroitement pour que l'on puisse les morceler. De plus, elles peuvent être opérées promptement. Le temps des études préliminaires est passé ; la route est ouverte. Il faut marcher résolument au but, si on veut l'atteindre.

Un peu de bon vouloir, d'intelligence et de désintéressement suffit.

Me dira-t-on que ces qualités n'existent plus en France.

Si l'on refuse de se mettre hardiment à l'ouvrage, si l'on cherche partout des *impedimenta*, si, pour ne rien faire, on se retranche derrière les tristes lois de 1875 et derrière un Sénat-borne, nous tomberons infailliblement, à courte échéance, dans l'un ou l'autre des deux abîmes que les crimes des gouvernements antérieurs ont ouverts près de nous :

Ruine agricole, industrielle, commerciale ; anéantissement des sources de richesse ; dépopulation ; finalement conquête par l'étranger ;

Ou bien : insurrection formidable, amenée par la croissante misère.

En ce dernier cas, écrasement des révoltés, ou leur triomphe. Si le peuple est écrasé, la nation est perdue, car elle n'existe que par lui ; s'il est vainqueur, il est fort à craindre que sa victoire soit exploitée par des hommes qui n'y auront pris aucune part.

Des deux côtés encore, la ruine sera certaine.

Marchons donc d'accord aux urnes, républicains et socialistes que nous sommes. Là seulement est le salut, si nous savons voter avec ensemble pour des citoyens énergiques et sincères, fermement décidés à tenir leurs promesses, capables de préparer et d'accomplir *toutes* les réformes urgentes, sans faiblesse ni tergiversations.

Paris, Imprimerie du Sentier (A. Éloy, Directeur), 14, rue des Jeûneurs.

HISTOIRE
CONSTITUTIONNELLE
DES·FRANÇAIS

TEXTES ET COMMENTAIRES

Par F. E. PLANTEAU

ANCIEN OUVRIER CÉRAMISTE, TRADUCTEUR ASSERMENTÉ–JURISCONSULTE

DEUX TOMES SÉPARÉS, OU RÉUNIS EN UN VOLUME
GRAND in-8º DE 700 PAGES

Prix : 12 Francs

DIVISION DE L'OUVRAGE
TOME I

TOME II